AF316094

NOTICE

SUR

M. L'ABBÉ SEIGNEMARTIN

Curé-Archiprêtre

DE LA CATHÉDRALE DE BELLEY

Par M. l'abbé PERNET, Chanoine titulaire.

BELLEY

IMPRIMERIE TYPOGRAPHIQUE DE A. SAUZET

—

1885

NOTICE

SUR

M. L'ABBÉ SEIGNEMARTIN

Curé-Archiprêtre

DE LA CATHÉDRALE DE BELLEY

Dieu vient de rappeler à lui M. Seignemartin, curé-archiprêtre de la cathédrale de Belley. Le diocèse tout entier s'associera aux regrets profonds laissés dans la ville épiscopale par ce prêtre éminent. Quarante ans de rapports non interrompus, vingts ans et plus d'intimité quotidienne avec lui, nous font un devoir de dire ce qu'il fut par ses talents et ses vertus.

Oronce Seignemartin, dixième enfant d'une famille chrétienne, naquit, en 1814, à Saint-Germain-de-Joux, canton de Châtillon-de-Michaille. Il fut privé de sa mère de bonne heure. Une sœur intelligente et pieuse veilla avec son père aux soins de son éducation première. Ils furent admirablement secondés par Monsieur Guillermet, docteur en médecine, qui lui avait été donné pour parrain. Une figure d'ange, une voix harmonieuse, la douceur de son caractère et son esprit précoce portaient tout le monde à s'attacher à lui. Jusqu'à son dernier jour, l'enfant devenu homme fait, prêtre et vieillard, garda une vive reconnaissance envers les familles et les enfants des familles qui avaient bien voulu lui témoigner de l'intérêt. Il y eut toujours bonheur à l'obliger, tant la mémoire du cœur lui rappelait les moindres bienfaits. Le désir de s'instruire, ses dispositions heureuses engagèrent son père à le placer à l'école presbytérale de Châtillon, florissante alors. Il se distingua par son application et sa piété; et il eut l'avantage, jeune encore, d'établir avec les familles les plus honorables de la localité des liens d'amitié resserrés et consacrés par le temps.

En 1827, M. Barrier, qui dirigeait l'école de Châtillon, fut nommé à la cure de Volognat. Un grand nombre de ses élèves le suivirent, et parmi eux Oronce Seignemartin. On voyait dès lors briller en lui, avec l'amour du travail, les sentiments de foi qui, se développant d'année en année, faisaient pressentir dans l'adolescent le prêtre vertueux, instruit, à même de rendre un jour des services signalés à l'Eglise. Hélas! le maître vénéré qui consacrait ses loisirs à préparer des élèves de choix au service des autels, depuis longtemps n'est plus! Mais sur son lit de mort, il eut la consolation de pouvoir dire qu'il laissait après lui, dans l'exercice du saint ministère, 27 prêtres sortis de ses différentes écoles.

I

Au sortir de Volognat, Seignemartin vint au collége de Belley achever le cours de ses études classiques. Maîtres et élèves admirèrent sur ce nouveau théâtre les qualités brillantes de son esprit, unies aux délicatesses et à la générosité du cœur. Il fut unanimement regardé comme un des meilleurs élèves de la maison. Au Grand Séminaire, ses succès en théologie, sa régularité édifiante fixèrent l'attention de MM. les Directeurs, qui lui confièrent les fonctions importantes de veiller à l'ornement des autels, à l'accomplissement des cérémonies saintes, celles plus graves encore de préparer à la célébration des adorables mystères ceux de ses condisciples qui devaient être élevés au sacerdoce. Il s'acquitta de ces emplois avec autant de savoir que de dévouement.

Le diocèse de Belley comptait dans ses rangs un vénérable centenaire, le spirituel M. Métral, curé-archiprêtre de Lhuis. Ce vétéran du sacerdoce avait traversé sans fléchir les orages de la Révolution. Quelle âme d'élite, quel esprit délicat envoyer à ce généreux confesseur de la foi? Mgr Devie, qui faisait revivre parmi nous la science et les vertus de l'ancien clergé de France, n'hésita pas, il fit choix de M. l'abbé Seignemartin qu'il venait d'ordonner prêtre, après ses cours de théologie et d'éloquence sacrée. Le jeune vicaire réalisa toutes les espérances qu'il avait fait concevoir. Il fut, mission douce et enviée, le bâton de vieillesse de son curé, il en fut le bras, le cœur, mérita sa confiance, devint son confident, son ami, conquit rapidement l'estime, l'affection des paroissiens, et, après dix-huit mois de fructueux ministère, ferma les yeux à ce bien-aimé pasteur, qui mourut plein de jours et de mérites, et dont il avait embelli et réjoui l'extrême vieillesse.

II

Ces beaux débuts, les succès remportés dans la chaire, engagèrent le corps des Missionnaires, auquel appartenait déjà l'abbé Carrel de glorieuse mémoire, son condisciple et son ami, à faire la demande de M. Seignemartin à l'autorité diocésaine. Ce collaborateur intelligent leur fut accordé et ne tarda pas à se distinguer par sa parole claire, mesurée, polie et ferme. Ses discours pleins de doctrine, de détails intéressants, pratiques, captivaient les auditeurs, entraînaient la conviction par le bel ordre des preuves, le choix et l'enchaînement des pensées, rehaussées par les grâces de l'orateur. Pendant douze années de missions, il est peu de nos localités importantes qu'il n'ait évangélisées, où son passage n'ait été marqué par des retours depuis longtemps attendus et un renouvellement dans la piété.

Sa prédication avait l'avantage de grouper presque dans chaque paroisse des âmes d'élites qui goûtaient ses enseignements et perpétuaient le fruit de la mission. Combien de personnes chrétiennes répandues dans le diocèse, aujourd'hui encore, n'ont d'autres règles de conduite que les principes de sa sage direction!.

Si les pratiques religieuses sont en honneur dans beaucoup de nos centres considérables, nous en sommes en grande partie redevables à l'action discrète et persévérante des zélatrices du Sacré Cœur, association formée et dirigée par M. Seignemartin. Juste appréciateur de ses rares mérites et de son zèle, Mgr Devie l'avait spécialement chargé de cette œuvre. Ce grand Prélat, rendant hommage aux talents du jeune prédicateur, aimait à redire : « qu'il n'avait pas rencontré de jugement plus sûr, uni à un zèle plus désintéressé. » Toutes les communautés se montraient jalouses d'obtenir un missionnaire si apprécié, de l'avoir comme prédicateur ou confesseur pendant les retraites. Un grand nombre de Religieuses, et des personnes de haute vertu dans le monde rendent à ses lumières un éclatant témoignage. « Ses vues dans les voies de la perfection étaient tellement justes, qu'il semblait voir le degré où chaque âme devait atteindre, que souvent il avait le bonheur de l'y conduire et qu'elle y restait, » suivant l'expression énergique d'une des plus recommandables d'entre elles qui vit encore. Le temps des vacances accordées aux Missionnaires lui fut disputé de bonne heure par ses nombreux amis, pour des retraites, neuvaines ou exercices particuliers, et il est telle des dernières années de son séjour à Pont-d'Ain, où il ne lui resta pas quinze jours de repos.

III

Nommé par Mgr Chalandon, curé-archiprêtre de Saint-Trivier-sur-Moignans, vers 1854, ou mieux, prêté à ce canton, comme se plaisait à le dire le prélat, en l'y appelant, il se consacra tout entier à son peuple, lui prodigua les trésors de son activité, de son expérience. Il avait vu à l'œuvre les hommes de Dieu, il les avait étudiés, secondés par la parole, et il voulait enrichir sa paroisse de tout le bien rencontré ailleurs. Les prémices de son ministère furent pour la jeunesse ; il savait qu'une bonne éducation est la base fondamentale de la religion, de l'honneur et de la vertu dans les familles. Les écoles furent visitées avec soin, maîtres et maîtresses encouragés, soutenus, environnés d'estime, de considération, recommandés aux autorités supérieures et locales, aux sympathies de tous ; il y eut des places réservées et en vue dans l'église pour les enfants, des chœurs se formèrent, et aux jours de solennités les chants et les cérémonies reçurent un nouvel éclat.

Une loterie habilement et promptement organisée, couvrit les frais de la création d'une salle d'asile. De concert avec le Conseil municipal et soutenu par l'élan général, il agrandit, orna et embellit l'église. En même temps qu'il se dévouait aux intérêts de Dieu et de l'enfance, il ne négligeait pas l'instruction des fidèles ; il saisissait toutes les occasions de leur adresser la parole. s'efforçait de les amener à la sanctification du dimanche, et par ses exhortations pressantes, de les attacher à l'accomplissement de tous leurs devoirs.

Dès l'année même de sa prise de possession, il profita des dernières semaines du Carême pour donner à la paroisse une mission. Les exercices suivis avec empressement, eurent les plus heureux résultats ; les communions furent nombreuses, l'accomplissement du devoir pascal en honneur, et l'ascendant du pasteur assuré, affermi. Témoins de ses succès consolants, plusieurs confrères sollicitèrent de l'archiprêtre le bienfait de ses prédications en faveur de leur paroisse ; tous ambitionnèrent successivement de l'avoir pour évangéliser leur peuple. Nos maisons d'éducation s'adressèrent également à lui en différentes circonstances. Le petit séminaire de Meximieux, le collége de Thoissey, obtinrent des retraites données par M. le Curé de Saint-Trivier, et un grand nombre d'ecclésiastiques, beaucoup d'hommes du monde gardent un précieux souvenir de son fécond apostolat.

IV

Transféré de Belley à l'Archevêché d'Aix, Mgr Chalandon, lui-même prédicateur distingué, ne voulut pas se priver du concours d'un prêtre dont il avait si souvent apprécié la parole éloquente et persuasive ; il fit appel à M. Seignemartin pour donner les exercices de la retraite dans une des communautés les plus importantes de son diocèse. Les exhortations de l'archiprêtre furent si goûtées et si fructueuses, que le prélat, en son nom et au nom des religieuses, remerciant l'orateur des grâces abondantes attachées à son ministère, le conjura de vouloir prendre l'engagement de venir l'année suivante prêcher une seconde retraite. Retenu par les distances et les devoirs de pasteur, le Curé exprima ses regrets, pria Sa Grandeur et les bonnes religieuses d'agréer son refus.

Sa rentrée à Saint-Trivier fut celle d'un père au milieu de ses enfants. Tous étaient joyeux de l'entendre, de le revoir. Entouré des prêtres de son canton, recherché des grandes familles, aimé, vénéré de ses paroissiens, il était le confident, le conseiller et l'ami de tous. Chaque jour apportait à son cœur de douces consolations, récompense de sa charité et de son dévouement. Tant de bien réalisé modestement et sans bruit ajoutait à sa haute considération et redoublait l'affection qu'on lui portait.

V

La cure de Belley étant devenue vacante en 1860, Mgr de Langelerie fut heureux de la lui offrir. Les regrets des habitants de Saint-Trivier, des prêtres du canton et des plus anciennes familles furent profonds, mais tous comprirent que celui qu'ils avaient le bonheur de posséder avait de plus hautes destinées à remplir.

Installé archiprêtre de la cathédrale, hiérarchiquement le premier curé du diocèse, M. Seignemartin prit possession de sa nouvelle paroisse, avec modestie et confiance en Dieu, sans recherche, sans ces retours personnels trop fréquents, dans les positions élevées. Plus que jamais il se détacha de lui-même, fut prêtre selon Dieu, accomplissant ses devoirs en toute générosité de foi et de cœur. Ses qualités éminentes inspirées par l'humilité et la charité multiplièrent ses ressources et communiquèrent une puissance et une fécondité merveilleuse à ses œuvres. Le profond et affectueux respect envers Monseigneur et sa famille, la déférence empressée envers les supérieurs, ses attentions pour les membres du Chapitre, l'aménité, la douceur et l'amabilité de ses rapports avec son peuple, lui assurèrent de promptes et universelles sympathies. La sage mesure et la sûreté de jugement qui constituait le fond de son beau et riche caractère, charmait dans ses conversations, ne se faisait pas moins remarquer dans ses enseignements du haut de la chaire. Simple dans ses allocutions, prônes, instructions familières, ou plus relevée, dans les sermons et discours solennels, sa parole était toujours goûtée, recherchée des auditeurs.

Qui redira ses exhortations pieuses, à l'archiconfrérie dans les réunions du dimanche soir? Les âmes fidèles s'y rendaient de plus en plus nombreuses, et, faisaient de cet exercice privé, un des offices les plus suivis de la paroisse. Il était visiblement béni du Ciel. C'est là, et par sa direction au saint tribunal, que le bon pasteur formait les âmes à la piété, les faisait vivre de sa vie et renouvelait sûrement l'esprit de sa ville. Ah! la Persévérance, il lui a versé tous les trésors de son âme, de sa foi et de son amour de Dieu. Il réservait aux jeunes personnes qui entraient dans cette association, la meilleure part des faveurs enviées de son ministère. Il bénissait leur union, s'intéressait à leurs besoins, et si Dieu les appelait à lui, il tenait à leur rendre les derniers devoirs et présidait à leur sépulture.

VI

Sa vigilance pastorale s'étendait à tout : Confréries du Saint-Sacrement, du Rosaire, Réunions des Dames de Miséricorde, des Jeunes Economes, des Mères de familles, toutes ces associations furent admirablement créées ou renouvelées, dirigées et soutenues. Chaque année des retraites prèchées par lui, par Monseigneur, ou par des prêtres de son choix, retraites attendues avec joie, suivies avec empressement, venaient ranimer la piété, entretenir la ferveur, donner un nouvel essor dans la pratique de la vertu aux àmes d'élite, et par elles, étendre, fortifier les sentiments religieux dans la ville. Il n'y a aucune exagération à dire que pendant les vingt ans de son ministère actif, M. Seignemartin, a vu refleurir la foi dans Belley. Les semences de hautes vertus sacerdotales et chrétiennes répandues par le long épiscopat de Mgr Devie et par ses successeurs, cultivées par ses mains habiles se développaient et produisaient des fruits abondants. On ne résistait pas à l'action persévérante du dévouement charitable du pasteur, à ses attentions, à ses prévenances aimables de tous les jours, de tous les instants. On était forcé de convenir que la Religion qui élève le cœur et l'esprit du prêtre à ce degré de perfection, de sainteté, est une religion divine !

Les pauvres sont les enfants de prédilection de l'Eglise, la portion bien aimée de l'héritage sacerdotal. Notre ami, les aimait véritablement, et, avec le généreux concours des Dames de Miséricorde, il était attentif à prévenir ou à soulager leurs besoins. La porte de sa demeure, celle de son cœur et ses mains leur restèrent toujours ouvertes. Combien j'étais ému, hier encore, voyant venir à moi un de ces déshérités des biens de la fortune, demeuré honnête et chrétien, et me dire avec l'accent du cœur et de la reconnaissance : Ah ! monsieur, j'étais de l'âge de notre saint Curé et je ne tarderai pas à le suivre, il avait soin de moi, ne m'abandonnez pas. Quel cœur ne serait attendri par la résignation et la confiance de ce vieillard indigent? Qui ne se rappellerait l'Evangile et Notre-Seigneur Jésus-Christ qui veut être secouru dans ses membres souffrants?

Une famille, quelle qu'elle fût, venait-elle à perdre un des siens! La visite du cher pasteur ne se faisait pas attendre. Le lendemain ou au premier jour libre, il se présentait apportant des secours et des encouragements aux pauvres, aux riches des condoléances, des paroles de consolation. Auprès de tous il savait intervenir à l'heure propice, dans une visite, dans une rencontre fortuite, au salon, à la promenade, sur la place publique;

il était partout prêtre, avait partout des paroles heureuses qui allaient au cœur, le faisait apprécier, secondaient la grâce, encourageaient au bien et ménageaient des retours à Dieu.

Comme à Saint-Trivier, il tenait beaucoup à l'éducation de la jeunesse ; son plus ardent désir était d'avoir immédiatement sous sa direction un vaste établissement où depuis la salle d'asile jusqu'aux classes les plus élevées, l'éducation serait dirigée et l'instruction donnée par des maîtresses de choix, d'un savoir reconnu, incontesté, offrant toute sécurité, toute garantie aux familles, qui difficilement pourraient trouver mieux ailleurs. L'entreprise était laborieuse, difficile. Mais avec le temps et des dépenses considérables le projet s'est réalisé. Transformée, agrandie, très-bien distribuée, la maison de Saint-Joseph, grâce aux sacrifices et au dévouement du regretté pasteur est devenue un pensionnat magnifique, d'où sortent chaque année des élèves aptes à subir avec succès les épreuves du brevet supérieur.

VII

Depuis longtemps les invitations du soir devenaient pénibles au vénérable archiprêtre ; il se faisait néanmoins un devoir de s'y rendre, avec la grâce et la politesse aimable de l'ancien

clergé ; il savait par expérience qu'une attention, une parole bienveillante dite à propos,
dissipait bien des préjugés et préparait d'heureux retours. « Oh ! si tous les curés lui res-
semblaient, disait un convive ravi d'avoir été
placé près de lui à table, nous serions tous des
hommes religieux. » C'était trop oublier les en-
traînements de l'orgueil et des passions. Mais
il est certain que les sentiments de déférence,
d'humilité, de douceur, tant recommandés aux
prêtres par Notre-Seigneur, donnent au ministère pastoral une influence toute puissante. Ils
sont passés les temps où le seul caractère
sacerdotal suffisait pour nous assurer le respect
et l'obéissance. Aujourd'hui plus que jamais
nous n'avons de considération que celle de
notre valeur personnelle et de la fidélité rigou-
reuse que nous apportons à nous conformer
à notre divin modèle : *Discite a me quia mitis
sum et humilis corde.* Un désintéressement
parfait, une charité inépuisable sont des conditions indispensables pour le bon gouvernement d'une paroisse. Oui, plus que jamais il
est nécessaire au pasteur de se faire tout à tous
pour les gagner tous à Jésus-Christ. Grande
sévérité envers soi, indulgente compassion,
ardente charité envers les autres, envers les
pécheurs surtout, sont les exigences et les
conditions du succès de notre ministère. C'est
principalement pour les pécheurs que nous
sommes envoyés, ne le perdons pas de vue.

M. Seignemartin l'avait compris dès son entrée dans l'Eglise, et, pour tous ceux qui l'ont connu et suivi de près, ce fut la cause des triomphes de son apostolat, des vives sympathies et des succès marqués qu'il obtint comme administrateur.

Le prestige qui s'attachait à lui franchit les limites de la ville et du département. Des personnages d'une haute influence s'intéressèrent en sa faveur à Paris et voulurent l'élever à l'épiscopat. Le Ministre des Cultes fit part de ses vues à M. de Saint-Pulgent, alors préfet de l'Ain, lui demandant des renseignements officiels. Le Curé de Belley, en ayant eu connaissance, répondit spontanément par la lettre suivante :

« Monsieur le Préfet,

« M. Belloc, sous-préfet de Belley, m'a fait hier une communication, à laquelle je ne puis penser sans effroi, et je viens vous prier de ne pas y donner suite.

« Permettez-moi d'abord de vous remercier de l'honneur que vous me faites et de la bonne opinion que vous avez de moi. Laissez-moi vous dire en toute sincérité et en toute vérité que je ne dois ces appréciations trop favorables qu'à votre bienveillance et à celle de M. Belloc. Je n'ai rien de ce qu'il faut pour être évêque et le mot seul de cette dignité me fait trembler. Vous ne me connaissez pas assez, Monsieur le Préfet ; je ne suis pas connu de M. Belloc avec lequel les rapports sont si agréables et si faciles, ni des personnes qui ont la bonté de me vouloir du bien. Dieu m'a donné peut-être une certaine facilité de traiter avec les personnes sans les froisser. C'est un petit mérite et chose facile quand on a du cœur. Mais cela ne suffit pas ; il faut d'autres qualités que je suis loin d'avoir pour être évêque. Je vais vous donner les raisons qui doivent vous faire renoncer à ce projet.

« Pas de fortune, pas de santé, puisque je suis atteint d'un rhumatisme qu'on dit goutteux ; ces deux motifs seraient suffisants et ce sont les moindres. Depuis ma sortie du Grand-Séminaire, j'ai toujours été sur la brèche. Vicaire avec un Curé centenaire, Missionnaire du diocèse, puis Curé, j'ai toujours été aux autres, jamais à moi. Très peu de talents, peu de temps pour travailler ; avec mes occupations, je n'ai pu acquérir l'instruction nécessaire, je me sens déjà au-dessous de la position qui m'a été faite. Comment pourrai-je accepter un fardeau si en disproportion avec mes forces ? Ce serait un affreux malheur pour le diocèse auquel je serais envoyé.

« Nous ne sommes plus aux temps, Monsieur le Préfet, où la dignité seule commandait le respect et l'obéissance. Aujourd'hui, vous le savez, chacun n'a que la place qu'il sait se faire, et d'estime et de considération qu'autant qu'il peut en conquérir par ses qualités personnelles. Plus chez nous qu'ailleurs se sont conservées les habitudes de soumission et de déférence respectueuse. Cependant, le clergé juge trop peut-être, et il veut voir à côté de la dignité épiscopale les talents, la science, la connaissance des hommes et le savoir faire pour traiter avec eux : tout autant de choses qui me manquent et qui me font vous prier de me conserver votre bienveillance, mais de ne plus penser à moi pour l'épiscopat, j'en suis indigne à tous égards.

« J'ai dit tout cela à M. Belloc. Sa bonté pour moi est si grande qu'il m'a paru ne rien entendre, et je ne comprends pas que ses appréciations des hommes et des choses toujours si justes, soient si en défaut à mon endroit. J'en conserverai une éternelle reconnaissance, et je n'oublierai jamais, Monsieur le Préfet, vos attentions, dont je suis profondément touché, ni celles des hommes qui pensent du bien de moi. Mais je vous conjure d'écrire à son Excellence le Ministre des Cultes de ne plus songer à moi. J'aurais écrit tout cela à M. Belloc, comme je le lui ai dit de vive voix, mais j'ai craint qu'il vous eut déjà transmis les renseignements demandés de Paris. En m'adressant à vous, j'arriverai assez tôt et tout sera fini.

« Soyez assez bon pour agréer de nouveau mes vifs. remerciements et les hommages respectueux avec lesquels je suis, Monsieur le Préfet, votre humble et empressé serviteur.

« SEIGNEMARTIN, *Archiprêtre.*

« Belley, le 16 août 1864. »

La détermination du Curé de Belley fut irrévocable et toutes les instances demeurèrent sans résultat. Ses amis intimes eurent seuls connaissance des propositions qui lui avaient été faites ; le public n'en fut informé que longtemps après. Ce refus de l'épiscopat mit le sceau à sa modestie, le sceau à l'affection et à l'estime de ses paroissiensqui ne se démentit jamais. Il en eut une preuve éclatante lorsqu'il s'occupa de la décoration de son église.

VIII

La Cathédrale de Belley de style ogival venait d'être relevée, agrandie, dans de vastes et belles proportions. Le gouvernement qui prend soin de la construction et de l'entretien des églises épiscopales, ne fait rien pour leur ornementation. Ameublement, dispositions intérieures, peintures, établissement d'un calorifère, tout reste à la charge du pasteur et de la ville. Pour couvrir ces dépenses, on savait que des sommes considérables étaient nécessaires. Là ne se portaient pas les préoccupations de notre archiprêtre. Chercher avant tout des ouvriers habiles, des artistes, était son unique pensée et son but ; il connaissait la foi, la générosité de son peuple, l'empressement qu'il mettrait à le suivre pour honorer Dieu et embellir sa demeure. Dès qu'il eut rencontré les hommes distingués qu'il voulait, il sut avec des paroles de cœur exposer aux âmes pieuses son dessein d'orner la Cathédrale et de la rendre digne du Très-Haut. La chapelle de Saint-Anthelme avait été enrichie de belles peintures murales ; plus riches, plus éclatantes devaient être celles de la chapelle du Saint-Sacrement. M. Marinelli, comme décorateur, et M. Sublet, comme peintre, y déployèrent toutes les ressources de leurs talents. Brillantes dorures, vives couleurs, emblèmes et dessins couvrirent les murs, les piliers, et jusqu'au sommet des arcatures et des voûtes, où chantent des légions de chérubins. Les grandes scènes de l'ancien et du nouveau Testament ayant trait à l'Eucharistie se déroulèrent aux regards en tableaux magnifiques. Splendides furent les décorations de cette chapelle, surabondantes les offrandes. L'élan devint universel. Le denier de la veuve et l'obole du pauvre s'ajoutèrent à l'or du riche, et l'heureux pasteur vit avec ravissement qu'il décorerait toute son église et qu'il pouvait en toute confiance compter sur le zèle et le dévouement de son peuple.

Avec moins de richesse, les chapelles rayonnantes furent successivement décorées. Celle de la Sainte-Vierge, au fond de l'abside, charme par le doux éclat de ses peintures. La chûte et la rédemption y sont représentées. Le tableau d'Adam et d'Eve chassés du paradis terrestre est d'une saisissante énergie. Quel contraste avec l'expression suave du tableau de l'Annonciation ! L'autel nouvellement érigé est lamé d'or et d'argent. Une belle statue en marbre de Carrare, œuvre de Chinart, le surmonte. C'est la mère de miséricorde, ouvrant les bras pour recevoir ses enfants et les présenter à son Fils. Dès l'entrée du monument, cette statue, vivante et animée par l'art, attire les regards des visiteurs et produit une salutaire impression.

La chapelle de Sainte-Anne a été décorée aux frais d'une seule famille. On remarque dans les soubassements les bustes en camaïeu des ancêtres de Marie. La générosité de Mgr de Langaleric, de pieuse et douce mémoire, vivra dans la chapelle de Saint-Joseph. Les décorations et les peintures murales qui l'enrichissent sont dûes au pinceau délicat de notre cher abbé Taconnet L'Association des Jeunes Economes contribua largement par ses offrandes à l'ornementation de la chapelle de Sainte Philomène, où de ravissantes peintures redisent l'histoire émouvante de son martyre, de même qu'un des soubassements reproduit l'inscription gravée sur son tombeau. Il n'est pas jusqu'aux servantes chrétiennes qui n'aient pris sur leur nécessaire pour payer une part des dépenses faites dans la chapelle de Sainte-Blandine, qui leur est confiée.

Le chœur et la chaire furent abaissés, les stalles transférées derrière le maître-autel, où se trouve maintenant la *schola cantans* et le *secretarium* pour les jours de grandes solennités pontificales. L'orgue d'accompagnement, placé en dehors des stalles, du côté de l'évangile, en face de la porte d'entrée de la sacristie, est le don important du saint et très-généreux Mgr Richard, s'éloignant à regret de l'humble église de Belley pour être le coadjuteur avec succession future du grand cardinal Guibert, archevêque de Paris. Les bas côtés du chœur relevés de teintes légères se relient au bleu clair des voûtes semées d'étoiles, et complètent la décoration du monument. Au haut du transept méridional, on voit une toile d'une grande beauté, c'est le couronnement de saint Joseph dans le Ciel. Ce tableau obtint le prix dans une exposition, à Rome, sous le pontificat de Pie IX. Non moins remarquable est le souvenir idéalisé des enseignements de l'apparition de la Salette qui se déroule en grand sous la rosace septentrionale.

IX

A son arrivée dans le diocèse, Mgr Marchal, porté aux grandes choses, ravi des embellissements de sa cathédrale, s'associa avec empressement au zèle intelligent de l'archiprêtre ; il le seconda efficacement pour l'établissement du calorifère, et, voyant les sommes considérables dépensées, il aimait à lui dire : continuez, mon ami, votre Evêque ne vous abandonnera pas ; il sera avec vous, vous suivra dans la voie du sacrifice. Heureusement, beaucoup d'âmes généreuses étaient dans les mêmes sentiments, et, M. Seignemartin, sans quête, ni souscription, par le seul ascendant de sa foi et le dévouement de son peuple pût consacrer plus de 80,000 francs aux dispositions intérieures et à la décoration de l'église. Aussi les visiteurs compétents reconnaissent-ils aujourd'hui que par son ornementation, la Cathédrale de Belley, rivalise avec la coupole d'Ars et les riches églises de Paris.

Tout étant prêt, Mgr Marchal ne négligea rien pour donner à la consécration de sa chère Cathédrale un éclat extraordinaire. Des prédications préparatoires eurent lieu. Trois jours de fêtes solennelles se succédèrent à Belley, trois jours de triomphe pour la Religion : la solennité de saint Jean-Baptiste, patron de la Cathédrale et du diocèse ; la fête de saint Anthelme, patron de la ville de Belley, et le beau jour de la consécration. Le Cardinal de Lyon, Primat des Gaules, Mgr Caverot, que des liens particuliers attachaient à Mgr Marchal, présidait les cérémonies. L'Archevêque de

Besançon, métropolitain de Belley, nos anciens Evêques, les Archevêques d'Auch et de Larisse, huit autres Prélats, deux Abbés, crossés et mîtrés, formaient son cortége. Un concours immense de prêtres accourus de tous les points du diocèse et des diocèses voisins se pressaient à leur suite. Les vastes nefs, la tribune du grand orgue, les galeries supérieures qui entourent le monument ne pouvaient contenir les flots de fidèles, avides de contempler les splendeurs des cérémonies et d'entendre la parole éloquente de tant d'Evêques. Avec quelle attention on prêtait l'oreille à la voix connue et aimée de Mgr de Langalerie, aux exhortations pieuses et saintes de Mgr Richard! Le panégyrique de saint Anthelme fut prononcé par le Métropolitain ; ce discours de la plus haute éloquence, magnifique de style et de pensée, remua profondément l'auditoire et fut universellement admiré. On en sollicita l'impression, et l'orateur, d'illustre et regrettée mémoire, eut la délicate attention d'en faire parvenir un exemplaire à tous les membres du clergé.

Au soir du troisième jour de ces fêtes splendides, avant-goût de celles du Ciel, M. le Curé de Belley, monta en chaire pour redire au Prince de l'Eglise, à NN. SS. les Evêques et aux Abbés, ses sentiments de profonde reconnaissance, ainsi que ceux du chapitre et de la ville ; il eut envers tous des paroles de foi, de respect et de gratitude, qui, sortant de son âme émue, attendrie, firent une vive impression sur les pontifes, et laissèrent à tous une plus haute idée des qualités éminentes de son esprit et de son cœur.

X

Antérieurement déjà, le cardinal Donnet, archevêque de Bordeaux, rendant visite à Mgr de Langalerie avait admiré l'heureuse transformation de la ville de Belley. Comparant l'état des esprits tel qu'il l'avait connu sous la Restauration, aux manifestations religieuses dont il était témoin, il félicitait M. Seignemartin des succès éclatants de son ministère et lui disait sans détour : « Monsieur l'Archiprêtre, vous restez fidèle à l'esprit de foi, au zèle insinuant, à la charité active du grand Mgr Devie, je vous en félicite. Si tous les prêtres avaient votre modération et votre douceur, tous obtiendraient d'admirables succès. » Cette appréciation flatteuse était celle de quiconque suivait de près M. le Curé de Belley et se rendait compte de sa conduite. Doux et humble, d'une bonté à toute épreuve, même dans les circonstances les plus difficiles, jamais on n'eut à lui reprocher ni une parole vive, ni une démarche précipitée. « Pour commander aux hommes, répétait-il souvent, il faut d'abord se commander à soi-même, suivre les exemples de Notre-Seigneur, solliciter sa grâce par d'ardentes prières et attendre son heure. Le grand art pour le salut des âmes est de prier beaucoup et de se faire un cœur bon et charitable. » Sans qu'il s'en doutât il trâçait ainsi son portrait.

Mgr Marchal avait promptement remarqué la réunion des qualités rares qui faisaient du Curé de sa Cathédrale un homme supérieur. Il le nomma membre de son Conseil et l'appela à prendre part à son administration. La mesure fut universellement applaudie par le clergé et les fidèles du diocèse. Les habitants de Belley fiers de leur curé et des témoignages de haute estime qu'il venait de recevoir allèrent avec un nouvel empressement au devant de ce qui pouvait lui être agréable, et de son côté le pasteur redoubla de zèle et de dévouement. Aimé, estimé, entouré de l'élite de la société, il ne rencontrait pas de moins vives sympathies dans le peuple, auquel il avait toujours à offrir des paroles de consolation et des secours. Mgr Soubiranne à son tour honora de son entière confiance M. Seignemartin.

Ancien missionnaire, sachant le bien que pouvait produire une voix étrangère et la suite de prédications d'hommes apostoliques au sein d'une population bien préparée, il songeait depuis longtemps à faire jouir sa ville de cette faveur spirituelle. Les enfants de saint Liguori avaient plusieurs maisons en

France et parmi leurs Pères des Prédicateurs en renom. Au premier rang le R. P. Delobel, orateur éminent, dont la chaire catholique déplore la perte prématurée. Il continuait dignement parmi nous les traditions de nos religieux éloquents. En 1881, M. Seignemartin fut assez heureux pour obtenir son concours. La station de l'Avent, préparatoire aux fêtes de Noël, lui fut confiée, et il vint accompagné de deux prêtres de sa Congrégation.

Dès le premier jour des exercices il se forma un magnifique auditoire. Le P. Delobel annonça qu'il développerait la démonstration catholique et en exposerait les grands dogmes. Il tint parole, son enseignement fut lucide et entraînant. Chaque soir, pendant un mois, il eut le bonheur de voir les fidèles se presser en foule, dans les vastes nefs de la Cathédrale, avides de l'entendre, suspendus à ses lèvres des heures entières, charmés, ravis de ses discours convaincants, persuasifs. Des retours eurent lieu, des conversions durables se firent, et l'éminent Rédemptoriste et ses confrères emportèrent les meilleurs souvenirs de la ville de Belley, qui de son côté fut reconnaissante aux hommes de Dieu et à son cher pasteur des avantages de la mission. L'union des cœurs était parfaite, les lumières de la Foi répandues dans les âmes faisaient régner au sein des familles la joie et le bonheur. Jamais peut-être on n'avait mieux compris que la Religion, gênante pour les mauvaises passions sans doute, est par là même le fondement le plus sûr de l'honneur et de la paix, devant Dieu et devant les hommes.

XI

Après bon nombre d'années passées dans les affaires, un employé de commerce tomba dangereusement malade. On s'inquiétait beaucoup autour de lui, connaissant son éloignement des pratiques religieuses. Informé de l'état du malade, M. le Curé se présente, voit sur toutes les figures la douleur et la crainte. Personne n'ose annoncer le prêtre, on redoute un refus. « Calmez-vous dit le bon pasteur, je saurais m'annoncer moi-même ; Dieu a des grâces pour les derniers instants, contentez-vous de prier. » Le curé entre, en effet, s'approche affectueusement du malade, le salue de sa voix la plus douce en lui disant : Mon ami, c'est presque en même temps que j'ai appris votre retour et votre indisposition, et je m'empresse de venir vous voir. — Ah ! M. le Curé c'est plus qu'une indisposition, je souffre beaucoup et mes forces s'en vont. — Allons courage, mon cher, confiance et ne nous laissons pas abattre. Vous avez un bon médecin, vous êtes bien soigné et vous êtes jeune. — J'ai quarante ans et plus. — C'est l'âge de la vigueur, avec cela on revient de loin, on guérit. J'ai vu bien des personnes qui, après avoir travaillé comme vous, étant tout à coup avec de la fortune et sans occupation s'en trouvaient fatiguées. C'est une épreuve. Les loisirs souvent plus que le travail usent l'homme actif. Vous guérirez, vous vous créerez des occupations par l'administration de votre fortune, vous donnerez un aliment à votre intelligence, à votre activité et tout ira bien. Je ne veux pas prolonger ma visite et notre entretien. Courage, mon cher ami, je dirai la sainte messe pour vous demain et je reviendrai vous voir. M. le Curé se retira laissant son malade encouragé, satisfait. — Savez-vous, disait-il après aux personnes de son entourage, que votre Curé est joliment bien, personne ne sait consoler comme lui, sa visite ma donné des forces et fait du bien.

Comme il l'avait promis le bon pasteur offrit le saint sacrifice en faveur de son cher malade et revint à lui avec des paroles encourageantes, affectueuses. Il en fut de même à une troisième visite et le malade se plaignant de ne pas se trouver mieux. — Peut-être, mon ami, ferions-nous bien d'en venir aux grands remèdes, d'en appeler à Dieu, il est seul tout-puissant médecin. — Ah ! M. le Curé, vous si bon, ne me parlez pas de confession ? — Et c'est vous qui en parlez le premier. Ne craignez pas, mon ami, je ne veux pas vous confesser malgré vous. Le bon Dieu n'accepte pas les hommages d'une conscience violentée. Il veut être obéi, servi avec amour, en tout honneur et liberté. — J'ai beaucoup lu, beaucoup voyagé, j'ai vécu, visité les grandes villes, vous savez : la Religion, la confession et autres pratiques... pratiques bonnes peut-être pour les simples, mais pour moi, je ne me confesse pas. Je suis honnête homme et je crois que cela suffit. — Mais, mon ami, en fait de confession, vous ne commencez pas mal, en voilà déjà une qui compte. Que vous soyez un honnête homme, j'en conviens et personne n'en doute. — La confession, voyez-vous M. le Curé, je n'y crois pas. — Et depuis quand, mon ami, n'y croyez-vous pas? Vous avez fait votre première communion ; vous avez connu Mgr Devie. — Oh! celui-là, c'était un saint. — Et un savant. — Oui encore. — Et bien, il croyait à la confession, il la pratiquait. Examinez voir, mon ami, si c'est pour avoir étudié et fait le bien que vous avez cessé de croire à la confession? La Religion, commande tout ce qui est bien, défend tout ce qui est mal. Elle veut qu'on aime Dieu par dessus tout et le prochain comme soi-même. C'est dans ces deux grands préceptes que se résume l'Evangile. Auriez-vous trouvé mieux que cela? Depuis Jésus-Christ, tous les saints, tous les hommes de génie, tous les savants, tous les esprits supérieurs dont l'humanité s'honore croient à l'Evangile et se confessent. — Et Voltaire et Rousseau ! — Hélas ! vous ne voudriez pas finir comme eux, ni être où ils sont. Soyons sincère, mon ami ; mieux que moi, vous connaissez leurs œuvres. Voudriez-vous signer tout ce qu'ils ont écrit? Et les œuvres immorales qu'on leur reproche, qu'aucune âme vertueuse ne peut lire... — Mais nos grands patriotes? — Les plus fiers d'entre eux, les seuls grands furent religieux. Et comment voulez-vous qu'il en soit autrement? Que reste-t-il de nous après tout? si ce n'est le bien et le mal que nous avons fait. Le bien Dieu nous en récompense par une éternité de bonheur dans le Ciel, et le mal il le punit de châtiments éternels. — Et quoi? vous voulez donc que je me confesse? je ne peux pas, je ne le veux pas. — C'est la détermination des forts, mon ami. Notre divin Sauveur l'a dit : il faut se faire violence pour aller au Ciel et les violents seuls y entreront. Ah! la confession, c'est le chef-d'œuvre de la miséricorde du Rédempteur. Où trouver un tribunal qui se contente de l'aveu et du repentir des coupables? Evidemment les tribunaux humains ne peuvent agir ainsi; le seul fait de la rémission des péchés à la simple condition de l'aveu et du repentir est une preuve de la divine institution du sacrement de pénitence. Si Dieu n'avait institué que le Sacrement du Baptême, qui remet la faute originelle, nous rend enfant de Dieu et de l'Eglise, où en seraient les hommes avec la multitude de péchés qu'ils commettent tous les jours? Du fond du cœur remercions la bonté infinie qui par le

Sacrement de Pénitence ouvre le Ciel aux pécheurs repentants et ferme l'enfer creusé sous les pas des pécheurs. — Ne me parlez pas de l'enfer. C'est un dogme cruel et tout cœur le désavoue. — Le dogme de l'enfer, mon ami, est au fond des traditions religieuses de tous les peuples et il fait partie de ces croyances universelles que la raison et la conscience du genre humain acceptent. Intelligence souveraine, puissance infinie, le Créateur suivant sa nature, récompense et punit sans mesure. Dieu, mon ami, n'a point fait l'enfer et ses abîmes : ils sont l'œuvre volontaire, libre, des pécheurs ingrats et obstinés. Eternellement révoltés contre le Tout-Puissant, éternellement ils subiront les coups de sa justice. Ils pouvaient se sauver, avoir recours aux trésors inépuisables de miséricorde et d'amour du Sauveur; ils ont préféré mourir réprouvés avec la haine de Dieu. Ils n'imputeront qu'à eux la damnation et leur sort affreux. — Mais il y a plus de vingt ans que j'ai cessé de me confesser, abandonné pour d'autres, presque toutes les pratiques religieuses, comment voulez-vous que je me confesse? Je ne le puis pas. — Que ce ne soit pas là un sujet d'inquiétude pour vous. J'ai l'habitude des consciences. Vous n'aurez qu'à répondre aux interrogations que je vous ferai. Elevons nos cœurs à Dieu, mon ami, et commençons.

La confession fut faite, l'absolution donnée,

le malade heureux, tranquille comme jamais.
— Oh! combien je vous suis reconnaissant,
M. le Curé, vous m'avez ramené de bien
loin. J'avais cependant fait serment de ne
pas appeler, de ne pas recevoir le prêtre.
— Ces serments sont nuls de plein droit. On
ne peut pas s'obliger au mal. — Ah! ces dé-
testables sociétés secrètes! — Oui, mon ami,
quand on ne veut que le bien, il n'y a ni à se
cacher, ni de secret à garder. On marche le
front haut, on se réunit publiquement et au
grand jour. Les fantasmagories ridicules de la
franc-maçonnerie sont connues aujourd'hui et
les loges ne comptent que des sots ou des
habiles qui les exploitent. Tout le monde a
retenu le mot de Lord Ripon, ancien gouver-
neur des Indes anglaises. Il était chef de la
franc-maçonnerie du Royaume-Uni. La Reine
lui demanda de vouloir, en sa qualité de
grand-maître, composer l'histoire des sociétés
secrètes, de lui en faire connaître l'origine et
les développements. Le noble Lord se mit en
devoir de satisfaire aux désirs de son auguste souveraine. Plus il avançait dans ses recherches,
plus il réunissait de documents, plus il lui était
démontré que la franc-maçonnerie dans laquelle
il était entré et qu'il présidait sans la connaître
était une société sans principes, sans honneur,
n'ayant qu'un but révolutionnaire, antichré-
tien, de sorte qu'en formulant son jugement
définitif devant la Reine, il fut forcé de dire :

que les francs-maçons n'étaient qu'une société *de dupes et de fripons*. L'appréciation est sévère, et, en s'étendant, les sectes maçonniques ne font qu'entraîner beaucoup de gens simples, exploités par des ambitieux et de mauvais esprits. La révélation des rites et des secrets des loges, présentement à la mode, livre le temple, les dévots maçons, leurs cérémonies ridicules et leurs insignes à la risée publique. Pour tous, comme l'a dit leur grand-maître d'Angleterre : les francs-maçons ne sont aujourd'hui que « des dupes ou des fripons. » C'est Lord Ripon, qui l'affirme. On ne le contredira pas, son jugement est sans appel. Il n'est pas un maçon, du reste, si peu sincère qu'il soit, qui n'en convienne ; les sectes n'ont plus en partage que la déconsidération et le mépris. Les vénérables rient dans leur barbe de la simplicité de leurs crédules adeptes, attendant le jour de les exploiter, satisfaits d'une autorité et d'une considération qu'ils ne trouveraient pas ailleurs.

En saluant affectueusement son cher malade et en se retirant, le bon pasteur ajouta : mon ami, soyez parfaitement tranquille, que si quelques manquements ou quelques oublis vous revenaient à la mémoire, ne vous en inquiétez pas ; vos péchés vous sont remis ; nous nous reverrons demain. N'ayez qu'un sentiment de reconnaissance et d'amour envers Dieu, vous préparant à recevoir la sainte Communion. —

Combien je vous remercie, M. le Curé. Grâce à Dieu et à vous, je suis heureux, je n'ai plus peur ni de la mort, ni de l'enfer. La miséricorde infinie de Dieu me pardonnera. — Certainement, mon ami; la mort pour le chrétien est un gain, c'est son entrée bienheureuse dans le Ciel, son union éternelle à Dieu, aux anges et aux saints. L'enfer n'est que pour les pécheurs impénitents, ingrats, obstinés dans le mal. On ne le craint plus dès qu'on est en grâce avec Dieu. Se sauve qui veut. Ne se perdent que ceux qui jusqu'à la fin refusent criminellement de s'attacher à l'intelligence éternelle, souveraine, à la bonté, à la beauté infinie, vers lesquelles tendent les âmes élevées, les cœurs bien nés par toutes les forces de leur être. — Merci, merci, charitable et bien aimé pasteur. J'aime Dieu de tout mon cœur, de toute mon âme; c'est à vous que je le dois. — Dites, à la bonté de Jésus et de Marie, recommandez-vous à eux, à saint Joseph, patron de la bonne mort, à saint Anthelme, glorieux et puissant protecteur de notre ville. Demain vous serez plus heureux encore après avoir reçu Notre-Seigneur, qui sera avec vous pour vous aider à supporter les souffrances, vous bénir et vous sanctifier.

Ce qu'annonçait le bon Curé se réalisa. Le Saint-Viatique et l'Extrême-Onction conférèrent au malade de nouvelles forces spirituelles. Au milieu des plus grandes souffrances il garda une résignation admirable, et pendant les quelques jours où il vécut encore, il ne cessait de remercier Dieu, de le prier, ne tarissant pas d'éloges sur le savoir, la charité et le dévouement de son pasteur ; de sorte que les craintes inspirées par l'éloignement des pratiques religieuses dans lequel avait longtemps vécu cet homme, se changèrent en une mort édifiante et chrétienne.

XII

« Plus je vieillis dans le ministère, me disait souvent ce pieux ami, plus il m'est démontré que pour travailler efficacement au salut des âmes, il faut de notre temps être *bon*, *très bon*, c'est du reste l'exemple donné par Jésus-Christ. En se rendant auprès des malades, il faut prier et faire prier beaucoup. Le bon Dieu ne résiste pas à la prière. Mon expérience me prouve qu'aux derniers moments, les hommes, même les plus prévenus, si éloignés, si obstinés qu'ils paraissent, reconnaissent au fond de leur conscience qu'ils ont à se repentir, et qu'ils ont des devoirs à remplir envers Dieu. Les malheureux enrichis du bien d'autrui, couverts d'injustice, et qui ne veulent pas restituer, font peut-être seuls une exception. Généralement les gens instruits, aux approches de la mort, s'ils sont bien entourés reviennent d'eux-mêmes et se disposent chrétiennement à paraître devant

Dieu. La Religion, cette grande délaissée de leur vie, qui avait réjoui leur enfance, leur revient en souvenir, et lui ouvrant les bras elle daigne consoler et embellir leur mort. Être ou n'être pas est une question grave, et aucune intelligence, maîtresse d'elle-même, ne consent à descendre vivante dans les enfers. Tous comprennent avant de mourir qu'il est juste et raisonnable de confesser le mal qu'ils ont fait, de s'en repentir sincèrement et d'en obtenir le pardon. » C'est par ces principes de foi, cette connaissance approfondie de la conscience humaine que M. Seignemartin s'était affermi dans sa grande bonté envers les hommes, se faisait tout à tous pour les gagner tous à Jésus-Christ.

Hélas ! son fructueux ministère allait tout à coup se trouver interrompu dans son cours. Les douleurs d'un rhumatisme goutteux contracté dans les missions devenaient plus fréquentes et plus prolongées. Elles affectaient tour à tour les articulations inférieures, se portaient quelquefois aux deux bras. Les saisons d'eau prescrites par les médecins parurent calmer les souffrances pour un temps sans en prévenir le retour. C'est même au retour des eaux, en 1879, que le mal se prononça avec une gravité redoutable. Des phénomènes apoplectiques survinrent. Notre ami était à l'autel, il fut obligé d'en redescendre, le côté gauche était frappé et la marche resta gênée dans ses mouvements. « Le bon pasteur donna sa vie pour ses brebis. » Après des soins intelligents et un long repos, le Curé de Belley continua à confesser, à prêcher, à visiter les malades, ne retranchant rien à l'action de son zèle, animant sa ville des ardeurs de sa foi et de sa charité.

En 1881, sans compter avec ses forces, il se prodigua pendant trois jours consécutifs au tribunal de la pénitence, confessa jusqu'à minuit la veille de la fête de Noël, voulut avoir la consolation de célébrer immédiatement la messe dans la chapelle des Religieuses de saint Joseph, de leur distribuer la sainte communion ainsi qu'aux enfants de leur nombreux pensionnat. Il avait imposé un excès de fatigue à sa constitution déjà malheureusement trop affaiblie. Les dernières heures de la nuit furent pénibles, le sommeil lourd, accablant, un épanchement cérébral se fit, et la parole demeura embarrassée.

Heureusement la lucidité des idées et le jugement restèrent hors d'atteinte. Physiquement frappé, intellectuellement intact, il put conseiller, soutenir, diriger ses excellents vicaires, MM. Lançon, Pochet, et par eux chaque jour, à chaque instant, recevoir leurs communications, leur indiquer les mesures à prendre, la marche à suivre, ce qu'il y avait à dire ou à faire, ce qu'ils devaient paraître ignorer et passer sous silence. Il aimait à les élever jusqu'à lui et de ses aides il se faisait des amis. La vie du presbytère était une vie de famille, et il faut le dire, en acceptant les services de ses collaborateurs, notre ami, eut toujours la délicate attention, dans toutes ses conversations, dans tous ses rapports, de leur faire part de son expérience, et, avec son bon sens exquis, de les préparer à la sage direction d'une paroisse.

Aussi n'est-il aucun de ses vicaires qui ne compte les belles années du presbytère de Belley au nombre des plus douces et des meilleures de sa vie. Tous sortaient de là avec le zèle éclairé, la charité et la prudente réserve nécessaires dans l'exercice du saint ministère. « Les prêtres perdent trop souvent de vue, aimait à leur redire le cher Curé, la recommandation expresse du Seigneur : « Apprenez de moi que je suis doux et humble de cœur. » Point de succès dans le maniement des hommes, à plus forte raison dans la conduite des âmes, sans la pratique habituelle de ces deux vertus. Comme Jésus-Christ dont il est l'envoyé et le ministre, le prêtre « n'est point venu pour commander, mais pour servir. » Le bien ne nous est possible que par des renoncements continuels et un dévouement affectueux au prochain. Tous nous voulons être traités avec bonté et douceur ; appliquons invariablement ce principe envers les autres. Ne perdons jamais de vue les paroles de saint

Vincent-de-Paul : « Tous les hommes en sont logés là, qu'ils veulent être traités avec douceur. Nul ne veut être mené avec rudesse, repris avec dureté, corrigé avec aigreur. Ainsi est fait l'homme, nous ne le changerons pas. » Nous pouvons, la grâce de Dieu aidant, nous changer. Demandons-la et travaillons sans relâche à nous réformer nous-mêmes. C'est le moyen sûr et prompt de sanctifier les autres. Suivons de loin les mémorables exemples du grand Mgr Devie, du vénérable Curé d'Ars, et malgré tous les obstacles nous sauverons notre peuple. Ne voyons-nous pas tous les jours encore que les prêtres, selon le cœur de Dieu, vraiment morts à eux-mêmes, se faisant tout à tous, pour les gagner tous à Jésus-Christ, conservent une multitude d'âmes dans les voies du salut. La vertu a la toute puissance de Dieu même, de qui elle vient.

« Personne ne résiste aux exemples et aux paroles d'un Curé humble et doux. Ayons confiance, notre divin Sauveur a vaincu le monde, nous vaincrons comme lui, et par les mêmes armes, par la bonté, en faisant le bien : *Pertransiit benefaciendo.* » Les sages conseils que ce pasteur modèle donnait à ses vicaires, il les pratiquait, sachant que l'exemple est la voie abrégée des préceptes. Même quand les suites fâcheuses de la maladie lui interdirent le ministère actif, il se réserva toujours une large part dans les œuvres de bienfaisance et de charité, donnant l'impulsion aux différentes Associations de piété et de miséricorde. Sa porte resta toujours ouverte aux indigents, aux affligés; l'élite de la société était empressée à lui donner des témoignages de respect et de sympathies. On continuait à recourir à son expérience, à ses lumières. Riches et pauvres reçurent toujours de sa part un gracieux accueil. Si Dieu ne l'avait pas comblé des dons de la fortune, il lui avait prodigué, ce qui est mieux, des trésors inépuisables de foi, d'esprit et de cœur, et partageant avec les nécessiteux ses modiques ressources, il avait pour tous des encouragements et des consolations.

XIII

Aux prêtres de son canton, en particulier, à ses connaissances, à ses amis, de dire la généreuse hospitalité de sa maison. Ils gardent le souvenir de son empressement à les recevoir, de ses délicates attentions. L'amabilité de ses conversations, la finesse de ses observations, la justesse de ses appréciations ne seront oubliées de personne. On ne se séparait de lui qu'à regret et jamais sans avoir entendu quelques bonnes paroles. Dès qu'il ne lui fut plus possible d'exercer le ministère que dans des circonstances exceptionnelles, à des distances très-rapprochées, on le vit redoubler d'assiduité à la prière, à la méditation, à la visite au Saint-Sacrement, prolongeant ses exercices de piété. Ses yeux restés brillants ne lui permettaient plus aucune lecture, lui refusaient la consolation de réciter le saint Bréviaire, de monter à l'autel, de célébrer les adorables mystères ; mais on le rencontrait à toutes les heures du jour, recueilli, déroulant pieusement les grains de son chapelet, s'imposant la récitation quotidienne de plusieurs rosaires.

Avec quelle édification, tant que ses forces le lui permirent, ne se transportait-il pas les dimanches, lentement, péniblement aux offices de la cathédrale ! Pendant la semaine il assistait à la Messe du Chapitre aux pieds des sacrés Tabernacles ouvrant son cœur au Cœur adorable de Jésus et de Marie, acceptant avec résignation ses souffrances en expiation de ses fautes, de celles de la paroisse, de ses péchés et de ceux de son peuple, recourant à la protection de saint Joseph, de saint Anthelme, priant pour la persévérance des justes, la conversion des pécheurs, conjurant le Seigneur d'avoir en sacrifice d'agréable odeur l'offrande de sa vie. Dans les crises les plus violentes de la douleur ses nerfs se contractaient, il pressait ses dents et ses lèvres, jamais il ne lui échappa une plainte, il n'exprimait qu'une peine, celle de ne pouvoir prier avec ferveur, comme si l'acceptation des souffrances, en esprit de foi, en union avec Jésus en croix, n'était pas la prière la plus méritoire et la plus agréable à Dieu?

Son état s'aggravait progressivement et il était, hélas! sans remède. Les âmes ferventes, dès le début de sa maladie, adressèrent des supplications continuelles au Seigneur. Lui-même avait fait le pèlerinage de la Salette pour se placer d'une manière particulière sous la protection de la Très Sainte-Vierge. Des personnes pieuses se rendirent deux fois aux mêmes intentions à Notre-Dame de Lourdes, des neuvaines de messes furent dites en sa faveur dans ce vénéré sanctuaire, et le pieux pasteur jeté au creuset de la souffrance, continuait à se purifier et à mériter pour le Ciel ce poids immense de gloire, près duquel les passagères tribulations de la terre ne sont rien!

Forte dans les accès aigus du rhumatisme auxquels s'ajoutaient l'inaction et les suites poignantes de la paralysie, l'âme de notre ami, débordait de sensibilité et d'émotion en face des malheurs de la France et de l'Eglise, des progrès de la révolution, de l'audace croissante des méchants. Il ne pouvait se taire sur les menées hypocrites de la persécution, sur la faiblesse des caractères et l'abaissement universel. Il n'est pas douteux pour nous, que la spoliation des Etats de l'Eglise, la captivité du Pape dans son propre palais, la perte de nos provinces, n'aient précipité la fin de l'existence terrestre de cette âme éminemment

française et sacerdotale, pétrie uniquement de
l'amour de Dieu et du prochain. Souvent aux
jours d'accablement et de tristesse, il pensait
et ne craignait pas de dire avec l'apôtre : « que
la mort lui était un gain. »

Les attentions et la bienveillance qu'il témoi-
gnait à tous s'inspirait surtout de son amour
supérieur envers Dieu. Depuis qu'il ne pouvait plus monter à l'autel, les jours de communion étaient pour lui des jours de bonheur. La chapelle des Religieuses de Saint-
Joseph touchant à la cure, c'est là qu'il aimait à
recevoir la Sainte-Eucharistie. La première fois
qu'on fut obligé de lui apporter la communion
dans sa chambre, il voulut que les abords de sa
maison et les lieux où passerait Notre-Seigneur
fussent ornés, embellis. Partout s'étalaient des
vases de verdure, sa chambre était resplendis-
sante de lumière et de fleurs. Il appelait ce beau
jour, son jour de fête. Oubliant ses douleurs,
il retrouvait son doux sourire et des paroles
gracieuses pour toutes les personnes qui se
présentaient.

XIV

Nous touchions à la fin de l'automne de
1884 et l'amélioration désirée, loin de se produire, cédait visiblement à l'aggravation du
mal. La difficulté de marcher avait augmenté
et pour passer d'un appartement à l'autre on le
roulait assis dans un fauteuil. Sa parole deve-

nant de plus en plus embarrassée, tout en lui laissant son entière liberté d'esprit, il voulut mettre ordre à ses affaires ; le notaire fut appelé, et il institua son héritier, M. Savarin, curé de Villebois. C'était son neveu de prédilection. Il le manda quelques jours après et lui communiqua en détail ses dernières volontés. C'est à son cher oncle que M. Savarin devait d'être resté dans le ministère paroissial. Jeune vicaire à Lagnieu, il avait eu l'intention d'entrer dans l'Ordre de Saint-Dominique, vers lequel la haute éloquence et les vertus du R. P. Lacordaire attiraient des vocations nombreuses. M. Seignemartin, curé de Saint-Trivier-sur-Moignans alors, répondant aux ouvertures de son neveu, rendait hommage à la perfection de la vie religieuse et ajoutait sagement : « Mais il faut avant tout une vocation éprouvée et sûre pour quitter le ministère ordinaire, où, du reste, on peut faire tant de bien quand on se sent bon prêtre, assez fort, avec la grâce de Dieu, pour ne pas tomber, assez zélé pour ne pas s'endormir en mangeant son traitement. » Puis apprenant que son neveu ajournait son projet d'entrer en Religion, il disait : « Enfin, ton parti est pris, j'en suis bien content, parce que pour moi le doigt de Dieu n'était pas là. Est-ce à dire pour cela que tu doives un jour mourir curé ? Non, si je vis jusqu'à l'âge ordinaire, j'ai bien l'intention de me retirer avec la pension de la caisse de retraite dans quelque maison pour me préparer à la mort. Il en sera, du reste, comme le bon Dieu voudra. Ma santé n'est pas si bonne maintenant. Je suis encore cloué cette semaine (9 novembre 1859) par mes douleurs dans ma chambre. J'espère cependant que ce ne sera pas si long que le mois passé, puisque je souffre moins et je pense bien dire ma messe dimanche prochain. »

Le pieux dessein de notre ami de placer entre la vie active et la mort quelques années de retraite pour se préparer à paraître devant Dieu, se réalisa dans sa propre maison. C'est là que la Providence lui avait mis en réserve des jours de solitude et de recueillement. Depuis quatre ans sa belle santé était gravement altérée. Dieu était venu à lui avec sa croix ; des souffrances presque continuelles l'avaient porté plus d'une fois à se décharger du fardeau pastoral et toujours il lui avait été répondu que : paralysé, affaibli, il faisait plus de bien que tout autre par ses prières, ses conseils, la confiance universelle qu'on avait en lui, l'affection qu'on lui portait, par son admirable et édifiante conformité à la volonté de Dieu et de ses supérieurs.

Cependant ses forces baissant visiblement, il comprit qu'il ne verrait pas les fêtes touchantes de Noël ; et deux pertes douloureuses vinrent encore affliger son cœur : M. Baluffin, curé de Coligny, son condisciple et son ami, M. le Chanoine de Sérésin, non moins aimé, presque simultanément rappelés à Dieu, dès le commencement de décembre. Ce fut un avertissement pour lui; ses parents vinrent. Il eut la consolation de se voir entouré de M. le Curé de Villebois qu'il aimait, d'un petit neveu intelligent et pieux, entré récemment au Grand-Séminaire, de M. Collet, chanoine, archiprêtre, curé de Trévoux, son ami intime, de la dernière survivante des premières Zélatrices du Sacré-Cœur, personnes particulièrement dévouées et chères. Il en éprouva une grande joie et ne cessa de leur témoigner sa reconnaissance. Il savait qu'il pouvait compter sur le concours de leurs ferventes prières, sur celles du Chapitre, des Religieuses de Saint-Joseph, qui avaient toujours eu une si grande part aux sollicitudes de son zèle, de toutes les communautés et des personnes pieuses de la ville. Aucune des âmes qui eurent le bonheur de le connaître ne l'abandonnèrent durant les cruelles épreuves de sa longue maladie. Ses chers vicaires, admirables de dévouement ne permirent jamais qu'on fit appel à des étrangers pour lui rendre les services et lui prodiguer les soins qu'exigeait son état paralytique. Il les en remerciait affectueusement, les édifiant par les précautions minutieuses qu'il leur faisait prendre dans son extrême délicatesse pour la modestie.

Le moment étant venu de recevoir les derniers Sacrements, il accomplit ce devoir avec les sentiments de la foi la plus vive. Quoique prêt depuis longtemps, il voulut recevoir encore l'absolution. Il avait communié le premier jour de l'Octave de la fête de l'Immaculée-Conception. Le 12 le Saint-Viatique et l'Extrême-Onction lui furent conférés. Les membres du Chapitre en habit de chœur, portant des flambeaux, les enfants de la Maîtrise en surplis, les officiers de l'église se rendirent solennellement au presbytère, suivis du second archidiacre, M. le vicaire-général Valansio, qui portait le Saint-Sacrement. Le grand vicaire trouva dans son cœur des paroles de tendresse et de foi qui émurent jusqu'aux larmes le vénéré malade et la pieuse assistance. La journée et le lendemain furent calmes, paisibles. Le cher patient s'entretenait religieusement avec Notre-Seigneur, acceptant avec bonheur les bonnes pensées, les élévations de cœur, que lui suggéraient ses amis. Le dimanche 14 décembre, il reçut l'indulgence plénière. Le lundi à onze heures et midi il comprenoit encore les paroles pieuses qu'on lui adressait. A trois heures la recommandation de l'âme lui était faite et vers les quatre heures il rendait le dernier soupir. Son âme remontait à Dieu pour recevoir la récompense réservée au serviteur bon et fidèle. La fatale nouvelle se répandit en ville avec la rapidité de l'étincelle électrique. Elle causa dans chaque famille d'unanimes et justes regrets. L'émotion fut grande dans le diocèse et partout où notre ami avait des connaissances. Nos anciens évêques, Mgr de Langelerie, Mgr Richard, Mgr Marchal, s'empressèrent d'envoyer d'Auch, de Paris et de Bourges, des lettres de condoléance au Chapitre, précieux témoignage de leur considération pour le clergé, de l'affection, de la haute estime envers le cher défunt. Disons que le cœur très noble, du vénéré Mgr d'Auch, qu'il reçoive ici l'expression de notre double et inaltérable reconnaissance, ne se contenta pas de sa lettre au Chapitre, mais voulut par lettres particulières partager et adoucir la douleur des amis intimes de M. Seignemartin.

Mgr Soubiranne, retenu loin de nous par les affaires du diocèse, ressentit vivement l'affliction commune. Apprenant coup sur coup la mort de M. le Curé de Coligny, de M. le Chanoine de Sérésin, de M. le Curé de Belley, il écrivit de Paris le 16 décembre exprimant « le regret de n'avoir pu les bénir une dernière fois ; » rendant un hommage public et autorisé « aux vertus, aux services et aux mérites de ces saints prêtres. »

XV

Sans altérer les traits de notre ami, la mort conserva à sa figure son éclat et sa beauté. Elle paraissait rayonner du bonheur du Ciel. Peudant les deux jours que le corps, revêtu des insignes de sa dignité, resta exposé dans le grand salon du presbytère, une suite pressée de fidèles de tout âge, de tout sexe, de toute condition, vint se mêler aux membres du Chapitre, aux prêtres et aux religieuses de la ville, versant des larmes et des prières auprès de celui qu'ils aimaient. On faisait toucher à ses mains, à ses lèvres des objets religieux, des images, des livres, des chapelets, qu'on garderait en souvenir. Une femme du peuple enhardie par la vénération et la confiance qu'elle avait en lui, détacha pieusement des guirlandes de lierre et de laurier qui entouraient l'estrade, une des feuilles, la fit toucher aux lèvres du défunt, la baisa elle-même, l'enferma dans son livre, puis renouvela son larcin, fit de nouveau toucher une feuille de laurier aux lèvres de son Curé, la plaça dans son livre, emportant sa double relique avec l'intention peut-être de la remettre à une amie ou à une personne de sa famille. Ce concours édifiant, malgré une pluie continuelle, faisait pressentir ce que seraient les funérailles.

Le jeudi 18 décembre le soleil se leva radieux pour rehausser la cérémonie funèbre, et les âmes pieuses se plurent à voir dans ce beau ciel une première faveur obtenue de Dieu par le cher pasteur. Admirable élan d'une population chrétienne toujours empressée de manifester hautement son respect et sa vénération pour les vertus sacerdotales ! Tout le monde voulut prendre part au cortége immense qui accompagnait la dépouille mortelle du bien-aimé Curé. Il ne resta dans les maisons que les personnes nécessaires pour les garder. Avec MM. les curés du canton plus de cent prêtres étaient accourus de tous les points du diocèse.

M. de Boissieu, vicaire-général, présidait les obsèques. Le deuil était conduit par M. le Curé de Villebois, MM. les Curés-archiprêtres de Trévoux, de Montrevel et de Poncin, MM. Lançon, Pochet, les anciens vicaires de Belley et les parents du défunt. Le convoi ressemblait moins à un cortége de deuil qu'à un vrai triomphe. Il parcourut les grandes rues de la ville, et les vastes nefs de la cathédrale et le chœur eurent de la peine à contenir les flots de l'assistance émue et recueillie. Innombrable fut la multitude de fidèles qui accompagna les dépouilles mortelles du vénéré pasteur jusqu'à sa dernière demeure.

Ah ! mourir ainsi, c'est vivre ! Vivre dans le sein de Dieu qu'on a aimé, dans le cœur de tout un peuple qu'on a évangélisé, édifié,. fait vivre de la vie chrétienne. C'est vivre éternellement de la vie glorieuse des bienheureux dans le Ciel et de la vie de bénédiction que les saints prêtres rencontrent ici bas. Que les débuts, la suite et la fin de la carrière de M. Seignemartin que nous venons de retracer à grands traits soient un motif d'émulation pour nos jeunes générations sacerdotales ; que tous s'affermissent à l'heure présente dans la voie austère du devoir portant courageusement le poids du jour et de la chaleur. Le Seigneur ne permettra jamais que les épreuves soient au-dessus de nos forces. On ne se sanctifie et on ne sanctifie les autres que par l'acceptation des souffrances et des saints renoncements. Soyons charitables, doux et humbles à l'exemple de celui qui nous envoie, à l'exemple de Jésus-Christ. Ayons confiance, il a vaincu le monde, nous triompherons avec lui : *Confidite ego vici mundum.* Disposons de tous nos moments et de toutes nos forces pour obtenir la double influence du savoir et de la vertu.

Demandons-les quotidiennement à Dieu sans lequel on ne peut rien et avec lequel on peut tout. Levons nos regards vers nos pères dans la foi. Soyons de dignes enfants de Mgr Devie, du vénérable curé d'Ars, des prêtres éminents qui formèrent notre jeunesse, attirant par leur mérite supérieur la considération sur eux et sur nous, des Greppo, des Ruivet, des Perrodin, des Buyat, et à d'autres degrés de la hiérarchie, des Mury, des Gorini, des Martigny, des Martin, de celui que nous pleurons, etc... Soyons tous à l'œuvre avec courage, persévérance, une douceur, une bonté, une fermeté invincibles. Faisons-nous tout à tous, pour les gagner tous à Jésus-Christ, et, comme notre ami, nous serons aimés de Dieu et des hommes, et sur notre tombe comme sur la sienne on gravera ces saintes paroles : *Dilectus Deo et hominibus, memoria ejus in benedictione est. Ecclesi., cap., 45, v. 1.*

XVI

N'oublions pas de dire que dans un sentiment de justice et de reconnaissance le Conseil municipal de Belley a bien voulu accorder au cimetière une place gratuite à perpétuité pour la tombe de M. Seignemartin. Le beau monument qu'on érigera sur cet emplacement sera le produit des dons de la famille et des offrandes spontanées de ses paroissiens et de ses amis.

Belley, Sauzet, imprimeur.